AF410907

SOUVENIRS
D'une Campagne à MADAGASCAR

SUR LA

« SEUDRE »

THÈSE
POUR LE DOCTORAT EN MÉDECINE

Présentée et soutenue publiquement le 9 Août 1886

PAR

Eugène-Charles GUILLARMOU

Né le 9 Mars 1857, à Brest (FINISTÈRE)

Médecin de la Marine.

Le Candidat répondra aux questions qui lui seront faites sur les diverses parties de l'Enseignement médical.

Noms des Examinateurs

MORACHE, *Président.*
DUPUY.
DEMONS.
ARNOZAN.

BORDEAUX
IMPRIMERIE DU CENTRE, 30, place Pey-Berland.

1886

FACULTÉ DE MÉDECINE ET DE PHARMACIE
DE BORDEAUX

M. DENUCÉ............ Doyen honoraire. | M. PITRES..................... Doyen.

PROFESSEURS

M. DENUCÉ................... } Professeurs honoraires.
M. BITOT....................

MESSIEURS

Anatomie	BOUCHARD.
Physiologie	ORÉ.
Physique	MERGET.
Chimie	BLAREZ, chargé du cours
Histoire naturelle	GUILLAUD.
Pathologie thérapeutique générales	VERGELY.
Pathologie interne	DUPUY.
Pathologie externe	AZAM.
Anatomie pathologique	COYNE.
Histologie et Anatomie générales	VIAULT.
Médecine opératoire	MASSE.
Pharmacie	FIGUIER.
Thérapeutique	DE FLEURY.
Hygiène	LAYET.
Médecine légale	MORACHE.
Médecine expérimentale	JOLYET.
Matière médicale	PERRENS.
Clinique médicale	PICOT. PITRES.
Clinique chirugicale	BOURSIER, ch. du cours. LANELONGUE.
Clinique obstétricale	MOUSSOUS.
Clinique ophtalmologique	BADAL.

AGRÉGÉS EN EXERCICE :
SECTION DE MÉDECINE

Pathologie interne et Médecine légale........................ ARNOZAN. RONDOT. ARTIGALAS. LANDE.

SECTION DE CHIRURGIE ET ACCOUCHEMENTS

Pathologie externe....................................... BOURSIER. PIECHAUD. LAGRANGE. DEMONS.

Accouchements.. DUDON. LEFOUR.

SECTION DES SCIENCES ANATOMIQUES ET PHYSIOLOGIQUES

Anatomie et Physiologie.... M. PLANTEAU. | Histoire naturelle........ M. PÉRIER.

SECTION DES SCIENCES PHYSIQUES

Physique... BERGONIÉ.
Chimie et Toxicologie.................................. BLAREZ.
Pharmacie... CARLES.

Anatomie topographique............... M. PIÉCHAUD

MAITRES DE CONFÉRENCES :

Physique............... MM. BERGONIÉ. | Histoire naturelle........... MM. PÉRIER.
Chimie................. CARLES | Accouchements............. LEFOUR.

CLINIQUES ANNEXES

Clinique méd. des enf....... MM. NÉGRIÉ. | Maladies vénériennes........ MM. VENOT.
Clinique chir. des enf...... BITOT. | Maladies mentales........... N....

Le Secrétaire de la Faculté, F. LAMBERT DES CILLEULS.

A MES PARENTS

———

A MES AMIS

———

A MES COLLÈGUES DE LA MARINE

———

A MONSIEUR LE DOCTEUR CRÉZONNET

A MONSIEUR LE DOCTEUR TREILLE

Directeur des archives de Médecine navale.

———

A MON PRÉSIDENT DE THÈSE

MONSIEUR LE DOCTEUR MORACHE

Professeur à la Faculté de Médecine de Bordeaux,

médecin principal de première classe.

INTRODUCTION

Le transport-aviso la *Seudre*, armé le 15 juillet 1884 au port
de Lorient, après avoir effectué, dans d'assez mauvaises conditions, un voyage de rapatriement de malades militaires du
Sénégal, et de Marocains du haut-fleuve couverts d'ulcères
phagédéniques d'une gravité extrême, a été destiné à la station locale de Bourbon, et détaché, pour le temps de la
guerre, aux ordres du contre-amiral Miot, sur la côte de Madagascar. Depuis le 18 février 1885, la *Seudre* a effectué,
sous le commandement de M. Simon, lieutenant de vaisseau,
de nombreux transports de matériel, de personnel, de malades
et de blessés ; elle a visité, à différentes reprises, tous les
points de la côte occupés par les troupes françaises ; il nous
a donc été donné, en qualité de médecin du bâtiment, de jeter un coup d'œil d'ensemble, pour ainsi dire, sur le pays ; de
juger de l'état sanitaire de nos troupes à terre, et, dans une
certaine mesure, de le comparer à celui de nos hommes à
bord.

Ce sont les souvenirs, bons ou mauvais, que nous avons recueillis pendant la période d'une longue année dans ce climat meurtrier, et notre appréciation personnelle sur la valeur du pays, que nous nous proposons de réunir sous forme de thèse inaugurale.

Nous tenons à remercier publiquement M. le professeur Treille des savantes remarques qu'il a bien voulu nous faire et des sages conseils qu'il nous a donnés pour la rédaction de cette thèse.

Nous voulons exprimer à M. le professeur Morache, notre plus profonde reconnaissance pour l'honneur qu'il nous a fait en acceptant la présidence de notre thèse inaugurale.

COUP D'ŒIL GÉNÉRAL SUR LE PAYS

Il ne nous appartient pas de faire la géographie de Madagascar ; mais, cependant, il est intéressant, pour le médecin, d'observer certaines dispositions du pays, et les influences qui ont mis nos troupes dans de si mauvaises conditions de santé.

De Tamatave, sur la côte nord-ést, jusqu'à Majunga, sur la côte nord-ouest, en passant par le nord, nos soldats étaient échelonnés sur la côte dans différents postes. Tamatave et Majunga, deux points extrêmes commandant les deux routes principales de Tananarive, étaient forcément destinées à être le lieu de concentration de la plus grande partie des troupes et devaient, par conséquent, attirer au plus haut degré l'attention au point de vue de l'hygiène et des dispositions à prendre pour garantir les hommes contre la maladie. D'autres points intermédiaires, tels que Vohémar, au nord de Sainte-Marie ; Diégo-Suarez, au cap d'Ambre, au sommet de la courbe que nous occupions, plus éloigné du centre, moins exposé à être inquiété, et, par conséquent plus délaissé ; Amboudimadirou, au fond de la magnifique baie de Passandava, non loin de notre possession de Nossi-Bé ; telles étaient les étapes que la *Seydre* avait à fournir pour ravitailler les troupes.

Nous avons occupé la côte, et nous n'avons vu que la côte. Ce que nous savons de l'intérieur, nous l'avons appris par ouï-dire, des traitants établis depuis longtemps à Madagascar; des missionnaires que nous avons transportés d'un point à un autre, connaissant parfaitement le pays. Ceux en particulier, qui ont habité longtemps Tannanarive, nous ont donné des détails très intéressants et très favorables sur l'intérieur de Madagascar, et une preuve, par eux-mêmes, qu'on peut y vivre et que le pays est sain ; mais Tannanarive est placé sur des hauteurs, à une très grande distance ; la température y est douce comme dans le sud de la France ; et si les jésuites de l'intérieur n'ont pas le cachet colonial, il n'en est pas de même de ceux qui habitent la côte. A première vue, celle-ci est jugée malsaine. Nous allons nous en assurer par l'examen des postes principaux du littoral.

1° *Tamatave*

Tamatave est portée sur les cartes marines à la latitude 18° 10' 50". Sud, et à la longitude de 47° 11' 50" Est. C'est une vraie ville, elle est bâtie sur une pointe qui s'avance dans la mer entre les deux rivières d'Ivondrou et d'Ivouline. Autrefois les habitations des indigènes couvraient la vaste étendue contenue dans ces limites ; mais, depuis la guerre, la population a diminué dans des proportions énormes : de 3 à 4 mille, le chiffre des habitants est tombé à 5 ou 6 cents; et les quelques Malgaches qui y sont restés, Malgaches de Sainte-Marie en général, des Indiens de Bombay et des Betsimisaracks se sont massés le plus près possible de la mer, sur la pointe Hastie qui est sablonneuse.

La ville actuelle, où se trouvent les consulats et les maisons des colons, n'est plus représentée que par trois grandes artères partant de la plage et aboutissant à la plaine, vers le vieux fort hova ; l'une des avenues conduit au cimetière ; les rues sont couvertes d'une épaisse couche de sable. Les maisons, bâties en bois, assez confortables, sont entourées de jardins sur lesquels les manguiers hauts et touffus, les papayers, les bananiers et les pandanus répandent une ombre agréable. Quelques-unes de ces maisons ont été tranformées, pour être utilisées en caserne pour le logement des soldats d'infanterie de marine et des marins fusiliers. A onze heures du matin, on sonnait la retraite dans la ville ; et jusqu'à trois heures et demie, il était interdit à tout homme de sortir de la chambrée. C'est donc dans ces logements tassés les uns sur les autres, souvent mal aérés, que le soldat a passé une partie de sa compagne.

L'inaction absolue, en dehors des heures de service ; l'ennui qui devait en résulter et, souvent la mauvaise qualité des aliments, surtout du vin qui a été bien des fois à peine supportable par son acidité : voilà des causes de maladie qui sont venues s'ajouter à celles inhérentes au sol et au climat.

Tout autour de la ville, en effet, de quelque côté qu'on tourne les yeux, sur terre on ne voit que des marais ; en rade, des récifs de coraux. Le vent venant de terre, des montagnes élevées qui ferment l'horizon, a déjà passé sur un large marais avoisinant les deux rivières d'Ivondrou et d'Ivouline. Farafatt est de l'autre côté, et, pour l'atteindre, il faut traverser un gué assez peu large.

On voit donc quelle vaste surface d'évaporation et quel foyer de miasmes palustres nous forment un rampart du côté de la terre.

Plus près encore de la ville, un petit ruisseau coule, ou plutôt croupit, sous les murs de l'ancien fort Hova, où une partie de nos troupes étaient cantonnées dans des conditions déplorables. Il s'en dégage, dans la journée, des odeurs mauvaises. Non loin de là, sous le grand rideau de manguiers où l'on recevait les parlementaires pour les négociations, une grande flaque d'eau qui ne trouve pas d'issue, forme un magma avec les matières organiques en décomposition.

Les miasmes qui se dégageaient si près du fort, devaient évidemment influencer d'une façon fâcheuse la santé ; et, en effet, le fort a toujours présenté une morbidité relativement plus grande qu'en tout autre point : il peut donc conserver la mauvaise réputation que les Hovas eux-mêmes lui avaient faite.

Le vent de la mer devrait assainir l'air de la ville ; il n'en est rien, car à la pointe Hastie un terrain en contre-bas, où la végétation est très abondante, est transformé en un vrai marécage dans la saison des pluies. Le malgache y vit dans le marais, et les fièvres ne l'épargnent pas.

Ajoutons à cela que le sol contient partout à une faible profondeur, 0^m 80 environ, une nappe d'eau souterraine alimentée constamment, soit par infiltration de l'eau de mer, soit par les pluies. En s'enfonçant dans le sol, cette eau entraîne avec elle une quantité considérable de détritus organiques, et, quand viennent les mois de mars et avril, il se produit dans le sol ce qui se passe dans les marais salants : les miasmes se dégagent en gande abondance avec l'humidité. Cette évaporation est palpable à vrai dire. De la rade ou du fort on n'aperçoit les détails de l'horizon, de Farafatt même qui n'est qu'à 9 kilomètres dans les terres, que le matin. Sitôt que le soleil prend un peu de force, vers 9 heures du matin, un brouillard épais s'élève, les lignes ne sont plus nettes ; elles sont comme vibrantes et irisées.

A propos de cette influence de la nappe d'eau souterraine, que nous invoquons pour Tamatave en paticulier, nous devous rapporter une observation que nous avons entendu faire par un médecin de la Réunion, au sujet de la fréquence des fièvres dans une certaine partie de l'île, et de l'absence de fièvres dans l'autre.

Bourbon qui, du temps de sa splendeur passée, était une île indemne de toute affection malarienne, a vu, sans qu'on puisse en expliquer la cause autrement que par la misère qui règne depuis une vingtaine d'années sur la population, — a vu apparaître toute la série des maladies paludéennes, légères, pernicieuses et larvées.

Il est évident que les conditions que nous allons citer existaient autrefois; nous dirons, cependant, que la marche des cyclones conduisait ceux-ci sur Bourbon, et que, depuis quelques années, cette marche est déplacée; il y a donc aussi, peut-être des influences atmosphériques importantes s'ajoutant aux autres, mais sur lesquelles on ne peut encore rien dire. Quoi qu'il en soit, la ville de Saint-Denis représente un tronc de cône habité sur la plate-forme et sur les faces; toute la partie située en haut, la plus étendue, est malsaine, les accès paludéens y sont fréquents, tandis que dans le bas de la ville, les fièvres sont très rares; dans les hauts, il y a des moustiques en quantité considérable; dans les bas, malgré une végétation abondante, pas de moustiques. J'ai entendu attribuer cette différence si tranchée, au point de vue sanitaire, des deux parties de la ville à ce que, dans la saison des pluies, la nappe d'eau souterraine s'étend obliquement vers la mer, entraînant les matières organiques de la surface du sol; quand vient la saison sèche, la nappe d'eau du bas de la ville, plus près de la mer, peut-être en communication assez large avec elle, est toujours alimentée, existe toujours, maintient dissoutes les substances nuisibles, tandis que celle qui correspond au haut de la ville se dessèche, met à nu des surfaces en décomposition : de là des efflures pernicieuses.

Du côté de la mer, fermant la rade de Tamatave, existe un magnifique barrage de coraux. Ces récifs sont couverts à marée haute, et découverts suffisamment à marée basse pour que les indigènes aillent y chercher les nombreux et curieux coquillages qui y vivent, et y pêcher le soir, particulièrement aux flambeaux, des poissons pour quelques états-majors.

Les coraux commencent à la pointe Hastie ; à une distance de cinq cents mètres, à peu près, ils s'interrompent pour former une étroite passe utilisée dans la navigation ; vient ensuite le grand récif qui a douze ou quinze cents mètres de long sur trois ou quatre cents de large, et qui transforme la rade en un long et étroit boyau. Les navires ont leur mouillage près du récif ; je ne pense pas qu'il faille beaucoup l'incriminer.

L'odeur acre qui s'en dégage est bien l'expression d'une décomposition végétale et animale, puisqu'une quantité d'animaux marins y vivent et y meurent ; mais les équipages n'ont jamais été minés par la maladie, car les effluves malsaines n'ont probablement pas le temps de se dégager, étant donné que le soleil n'agit pas assez longtemps sur les produits organisés.

Tamatave présente un climat tout à fait spécial et qui ne ressemble pas à celui de la côte nord-ouest, ni même de Vohémar, situé aussi sur la côte nord-est. La différence des deux saisons, au point de vue de la chaleur, est bien tranchée : la saison fraîche commence vers avril et se termine vers la fin de septembre ; la température est très supportable, en moyenne de 23 à 24 degrés dans la journée, tombant dans la nuit à 18 ou 19 ; une grande partie de la saison, les vêtements blancs doivent être laissés de côté pour des vêtements plus chauds.

Dans la saison chaude ou hivernage, d'octobre à la fin de mars, la température moyenne de la journée est de 28 à 29 degrés, tombant la nuit à 23 ou 24 degrés.

Si l'on pense à la grande humidité de l'atmosphère, en dehors même des pluies torrentielles qui durent quelquefois plusieurs jours de suite, on se rendra compte que l'évaporation cutanée est réduite à son minimum, et que, l'influence élec-trique aidant, tout contribue à entraver le dégagement de la chaleur du corps, à exciter le système nerveux et à affaiblir l'organisme ; aussi, cette saison porte un rude coup à toutes les fonctions : l'appétit diminue, le caractère s'aigrit, les forces se perdent, et le terrain est tout prêt pour recevoir à la fin de la saison, l'influence nocive du soleil et du miasme paludéen.

Cette grande humidité est la caractéristique de Tamatave, à tel point qu'on ne peut guère établir une saison absolument sèche, et une saison absolument humide. On peut dire qu'il y pleut toute l'année ; cependant, vers la fin de la saison d'hivernage, les pluies torrentielles sont plus fréquentes.

Pendant cette saison, les brises du nord-est dominent, le vent vient de la mer ; pendant la saison fraîche, jusqu'à ce que la mousson soit bien établie, les vents sont variables.

Quelques jours après notre arrivée, nous avons eu à subir le terrible cyclone du 24 février 1885, pendant lequel la division navale a assisté, sans pouvoir prêter secours, au naufrage du transport l'*Oise* et de deux grands bâtiments de commerce.

Rappelons à ce propos un fait assez curieux, qui trouve plutôt sa place ici, qu'au milieu des observations qui ont trait à la pathologie exotique, dans la seconde partie.

Quelques jours après le cyclone, on a réparti sur les différents bâtiments, les hommes de l'*Oise*. Nous voyons un jour se présenter à la visite un matelot qui se plaint de ne pouvoir aider au service du bord, par suite d'une sensibilité très douloureuse des mains ; nous constatons que l'épiderme se détache par grands lambeaux, comme on l'observe pendant la convalescence d'une fièvre scarlatine.

Le pauvre camarade Pozzo était victime du désastre ; nous ne pouvions avoir de renseignéments exacts sur la nature de l'affection. A notre interrogation, cet homme nous répond qu'au moment de la tempête, il était malade à l'hôpital du bord ; il avait une fièvre assez forte, et une éruption de taches rouges à la peau. L'absence de douleurs rhumatismales nous fait écarter l'idée de dengue. Du reste, le navire était arrivé directement de France depuis peu de jours, et aucun cas de dengue ne s'était encore produit à Tamatave. Lorsque le bâtiment s'est ouvert, il a été couché sur le pont comme tous les autres, et exposé, nu jusqu'à la ceinture, à la douche des lames, de huit heures du matin jusqu'à trois ou quatre heures du soir. Le sauvetage opéré, *Fache* n'avait plus de fièvre, nous a-t-il dit ; et, en effet, garçon de beaucoup de courage, il s'est senti assez fort pour ne pas demander à entrer à l'hôpital, de sorte que, quelques jours après, nous l'avions à bord, et nous pouvions constater la desquamation caractéristique. Des moyens aussi radicaux ne sont pas, en général, conseillés dans la scarlatine : c'est la méthode de Brandt forcée et poussée à l'extrême.

Quelle a été la cause de cette défervescence précipitée ? L'eau de la mer, au moment de la tempête, était à 22 ou 23 degrés ; l'eau de notre océan n'aurait probablement pas produit un effet aussi favorable. Si, en tous cas, une légère action frigorifique a été la première, et a eu d'abord comme résultat de chasser, par une action réflexe, le sang de la périphérie du corps vers les organes profonds, l'assuétude s'est vite montrée, la contraction des capillaires a cessé, et, ainsi, la congestion des organes internes a été évitée, ou du moins n'a duré que peu de temps.

C'est de cette façon que nous pouvons nous rendre compte de l'absence d'hydropisie par néphrite qu'on observe dans les cas de refroidissement, dans la scarlatine.

A cette accoutumance cutanée, on peut ajouter l'action tonique et excitante de la saluro de l'eau de mer, qui aurait agi dans le même sens que la température de l'eau. On pourrait aussi invoquer une action nerveuse difficile à déterminer. Il est impossible de rien affirmer sur la cause de ce phénomène, mais le fait nous semble intéressant à relever.

2° Majunga.

Majunga est située sur la côte nord-ouest. La ville a une bien moindre importance que Tamatave; construite à l'embouchure d'un large fleuve, elle est habitée par des Indiens et des Sakalaves, dont les cases malpropres sont massées sur une langue de sable, que la haute mer transforme en presqu'île, en partie dans la ville proprement dite, où un petit nombre de traitants se sont établis. Ici, contrairement à Tamatave, la ville est nue; aucun arbre ne vient tempérer, par son ombre, la désagréable réverbération du soleil sur le sable épais qui ne peut être qu'un réceptacle de détritus malsains, et la cause d'ophtalmies graves.

Les rues sont sales, disposées parallèlement et perpendiculairement à la plage.

Les troupes ont été réparties en ville dans des logements spéciaux construits en bardeaux; ce n'est que très tard que les baraques venues de France ont été montées. Le fort, à une distance d'un kilomètre, a été aussi occupé par une compagnie de militaires.

Dans l'est de la ville sur la côte qui conduit au plateau du gouverneur, il existe un bois touffu de manguiers; mais, dans le sud-est, à peu de distance des palissades d'enceinte, commence le marais qui s'étend en demi cercle sur un grand espace. On peut dire qu'à Majunga, on souffre bien plus de de la chaleur qu'à Tamatave; la saison sèche et la saison des pluies ont des différences bien plus tranchées. Peut-être faut-il attribuer le fait des accès de fièvre plus nombreux et plus graves, à une évaporation plus continue du soleil, des miasmes telluriques.

Ceux-ci, lorsque la saison sèche est bien établie, n'ont qu'à exécuter des mouvements dans l'atmosphère, sans crainte d'être ramenés au sol par les pluies qui épurent l'air. Et, en effet, c'est bien à la fin de l'hivernage, comme à Tamatave, que les accès de fièvre sont fréquents et, ici surtout, que les accès pernicieux sont graves,

Les hommes qui ont été traités sur la *Seudre*, présentaient en général un degré d'anémie paludéennne bien plus pro- noncée, quand ils venaient de la côte nord-ouest. Il est vrai de dire que Tamatave est à cinquante heures de Bourbon, et que les occasions, pour transporter les malades et les chan- ger d'air, étaient assez nombreuses ; on pouvait ainsi les soustraire au foyer d'infection ; que, de plus, la *Creuse* et ensuite la *Corrèze*, mouillés en rade, étaient transformés en hôpitaux flottants, où l'air était moins impur qu'à terre ; tandis qu'à Majunga, un seul transport par mois pouvait em- porter les malades, et, d'un autre côté, l'on regardait à deux fois avant de démunir la garnison, déjà assez restreinte, de sorte que les malheureux restaient se cachectiser sur place :

ils n'avaient même pas la ressource d'être euvoyés en rade
sur un bâtiment-hôpital,

Si nous ne pouvons pas fournir les statistiques comparati-
ves entre Tamatave et Majunga, nous avons été mis au courant de la situation sanitaire par les médecins attachés à terre ;
nous avons eu à notre bord, pour les transporter sur des points
moins malsains, les malheureux soldats atteints à différents
degrés. Ceux qui provenaient de Majunga, nous le répétons,
étaient toujours les plus faibles et les plus gravement compromis.

3° Vohémar.

Vohémar a été, pendant presque toute la guerre, le point
le plus favorisé de la station. On ne redoutait pas beaucoup
d'être inquiété de ce côté ; aussi, n'en a-t-on jamais beaucoup
parlé. Ce point est certainement par lui-même aussi malsain
que les autres. En se promenant autour de cette sorte de vil-
lage, — car ici il n'y a plus de ville régulière, mais des cases
jetées un peu au hasard, — on voit les intarissables marais
encore plus rapprochés des habitations qu'à Tamatave ou à
Majunga. La rade étroite est fermée par une plaine de récifs
se découvrant à marée basse, et dégageant une odeur marine
phosphorée : autant de conditions mauvaises.

D'un autre côté, les vents soufflent assez régulièrement et
assez fort de la mer ; la ville étant plus petite est plus facile à
entretenir ; et, comme nous semblons avoir jeté notre dévolu
sur ce petit poste, on a fait construire des baraques très confortables pour la troupe et de grands hangars venus de France
avec tout un ustensile complet de cuisine et de bains pour un
hôpital.

2

Puis, l'idée de transformer Vohémar en sanitorium est à juste raison abandonnée ; le peu de garnison qui y reste a donc bénéficié de ce qui a été fait pour un plus grand nombre.

Aussi, si les années 1883 et 1884 ont donné des statistiques peu avantageuses, on peut affirmer que la santé, en 1885, n'était, relativement bien entendu, pas mauvaise, lorsqu'il n'y a plus eu à faire de remuement de terrains.

Il faut en excepter le Fort, et Amboanio, situé à quelques kilomètres, qui ne jouissaient pas des mêmes priviléges.

Nous croyons que ce qui précède peut venir à l'appui de ce fait, que la question du peu de confortable a été pour beaucoup dans la morbidité et la mortalité de la campagne.

Vohémar, surtout avant l'expédition, était le centre important de l'exportation des bœufs de Madagascar, qui sont une véritable richesse pour le pays.

Les bœufs vivent en troupeaux considérables, en liberté dans la campagne des environs, et les bâtiments de commerce viennent à Vohémar s'en charger, à un prix dérisoire pour Maurice et Bourbon.

Les bœufs ont été une grande ressource pour l'approvisionnement de l'armée ; malheureusement, la viande de bœuf est difficilement tolérée par l'estomac au bout d'un certain temps de séjour, soit que le mode de préparation soit défectueux, ou que le goût et l'appétit soient altérés.

4° Diégo-Suarez

Situé au cap d'Ambre, un vrai cap des tempêtes, Diégo-Suarez est le seul point duquel on ne puisse porter un pronostic mauvais. La rade, aussi grande que la rade de Brest, est fermée comme elle par un étroit goulet. Dans le lointain, on aperçoit la montagne d'Ambre et Winter-Castel.

Les terres qui avoisinent la rade représentent un plateau peu élevé, avec très peu d'accidents de terrain ; elles sont granitiques en certains points, argileuses dans la plus grande partie ; presque complètement privée de végétation, absolument arides ; seules, les pentes qui descendent du plateau à la mer sont garnies de quelques arbres. Ce contraste avec les autres parties de l'île est étonnant.

Quelques cases de Sakalaves sont massées sur une toute petite plage de sable, qui donne abri à une quantité effrayante de puces.

On ne connaît que deux sources d'eau potable : l'une descendant des couches supérieures du plateau par une canalisation en bois, vient aboutir à la plage près des maisons des Sakalaves ; l'autre non loin du cap Diégo, à 600 mètres environ des baraquements construits depuis notre départ. Une fois captée, cette dernière pourra, par un tuyautage être amenée à la plage de débarquement, et donner une quantité d'eau suffisante pour les besoins de l'occupation.

On n'a rien fait pour Diégo-Suarez. Un transport, la *Creuse* et ensuite la *Dordogne* y ont été mouillés comme stationnaires ; une garnison insignifiante y était établie. Une brise fraîche et très agréable rend la température supportable ; les quelques marais qui existent dans le fond de la rade ne font pas sentir leur influence jusqu'au cap Diégo ; et je tiens des médecins des bâtiments cités, que la santé était assez bonne à bord comme à terre.

5° Sainte-Marie et Nossi-Bé.

Quant à Sainte-Marie et à Nossi-Bé leur réputation n'est pas à faire. On a eu l'intention de construire un hôpital à Sainte-Marie pour le corps expéditionnaire, mais il a fallu bien vite abandonner ce projet ; les rapports médicaux antérieurs étaient trop défavorables ; les quelques malades qui y ont été traités n'ont pas présenté d'amélioration dans leur état, et des disciplinaires, sujets assez rebelles au mal pourtant, établis confortablement dans une belle caserne, ont donné vite une grande moyenne de malades. On a dû ne plus songer qu'à Bourbon, et c'était là le parti le plus sage.

A Nossi-Bé, pas plus de succès ; certains malades de Majunga et de Amboudimadirou, après quelques jours d'amélioration amenée par le changement d'air, voyaient leurs accès de fièvre revenir aussi fréquents, et l'on sait que les fièvres de Nossi-Bé sont très graves. Nous avons eu, à bord, des hommes qui n'ont jamais été sur la terre de Madagascar, et qu'on était forcé de rapatrier dans un état très prononcé d'anémie, après un court séjour à Nossi-Bé.

Maintenant que nous connaissons le pays, que nous savons que le marais existe partout sur le littoral, nous pouvons prévoir que les maladies tendront à prendre un cachet spécial

et que le paludisme aura une large part dans le cadre noso-
logique : et, en effet, le paludisme absorbe la pathologie
presque entière.

Au moment où il fallait, pour se maintenir dans les posi-
tions occupées, se fortifier en construisant des retranche-
ments, en creusant des fossés, on devait remuer le sol, mettre
des couches chargées de miasmes au contact de l'air et pro-
longer le travail, parfois, pendant les heures de la plus forte
chaleur. A Amboanio, à Vohémar, des recrudescences marquées de fièvre ont coïncidé avec les travaux de terrassement
et de défrichement.

Nous ne pouvons appliquer ici l'observation de Colin, qui a
cru pouvoir avancer « que la malaria se dégageait des sols
vierges, remués ou non, par ce seul fait que, privés de culture, ils possédaient une puissance végétative énorme, et
que cette puissance était employée à la constitution de l'infectieux tellurique. La culture, au contraire, épuiserait le
terrain de ces matériaux organiques, et ferait disparaître
l'infectieux ».

Mais comment expliquer, dans les localités que nous avons
citées, que la végétation luxuriante et toute spontanée qui
couvre ces sols fébrigènes, n'épuise pas la puissance végétative aussi bien que la culture ?

Ne sait-on pas, par exemple, qu'à la Guyane, où la végétation est des plus abondantes, les fièvres nombreuses et tenaces
détruisent, en peu de temps, la santé des placériens qui tra-
vaillent sur le bord des fleuves ?

Ne voit-on pas, dit M. Nielly, la richesse agricole et la malaria marcher de pair dans la même localité ?

Une troisième cause des maladies palustres a été indiquée,
c'est l'eau d'alimentation ; et, en effet, le miasme qui est dis-
sous dans l'humidité du sol, peut être, après évaporation, pris

par l'eau des pluies, et peut tout aussi bien être entraîné vers la profondeur dans la nappe souterraine où l'on va chercher l'eau au moyen de puits.

Pourquoi n'admettrait-on pas que la voie d'introduction du poison soit l'intestin, au même titre que le poumon ? Depuis longtemps, on met en garde les soldats, dans les expéditions, contre les dangers de l'eau non préparée; on leur recommande de faire bouillir l'eau, de l'aciduler.

Ces moyens, pour être insuffisants ne sont pas dédaignés des Malgaches, qui emploient, comme boisson, l'eau qui a servi à la cuisson de leur riz. Qu'on juge par l'analyse faite par M. Perrimond, pharmacien de 1re classe de la marine, sur l'eau de Tamatave, de la qualité des eaux primitivement employées, et l'on verra si elles pouvaient avoir une influence mauvaise.

« L'eau marque 11 à 12 degrés à l'hydrotimètre, elle est manifestement acide au papier tournesol; pauvre en sels de chaux et de magnésie, privée de sulfates; elle renferme 0,20 par litre de chlorure de sodium. Quant aux matières organiques, la présence en était mise hors de doute par l'action du chlorure d'or et du permanganate de potasse, et l'abondance, par la rapidité de cette action. Du reste, après deux jours de bouteille, l'eau répandait une odeur infecte d'hydrogène sulfuré qui persistait plus de quinze jours. Il fallait donc absolument, et au plus tôt en condamner l'usage ».

Des filtres venus de France ont été installés. L'eau que nous prenions à l'aiguade de Sainte-Marie, nous apportait toujours une quantité de moustiques, dont les œufs étaient entraînés par l'eau. Aussi, à bord de la *Seudre*, n'a-t-elle jamais servi à l'alimentation ; comme les feux de la machine étaient presque constamment allumés, il était facile d'avoir toujours une grande provision d'eau distillée, et les hommes de notre bord n'en ont pas bu d'autre. L'eau distillée, malgré sa réputation d'être lourde, a été parfaitement supportée par tout le monde pendant notre séjour à Madagascar : nous attribuons le bon état sanitaire de l'équipage, en partie à ce que nous avions proscrit les eaux venant de terre.

Voilà les grands facteurs de la maladie à Madagascar : le marais, la terre remuée et l'eau. Sur les navires, la situation était tout autre. Quelques-uns d'entre eux, comme la *Naïade* qui, une fois mouillée à Tamatave, n'a plus levé l'ancre ; la *Corrèze*, servant de bâtiment-hôpital, un vrai foyer d'infection, n'ont pas bénéficié des avantages d'autres bâtiments.

Quant à nous, chargés d'un service rigoureux, nous ne restions que quelques jours sur les rades ; on n'avait pas le temps de songer à la maladie. Il fallait charger ou décharger toute la journée, personne n'était inactif ; le plus souvent, on ne pouvait pas respecter les heures de repos qu'impose le soleil ; des tentes étaient faites, mais n'abritaient souvent que très mal les travailleurs ; on transpirait beaucoup : le verre de vin de quinquina réparait les pertes, Et cependant, malgré les fatigues excessives et ces mauvaises conditions apparentes, notre équipage a été épargné. Nous avons eu un petit nombre de malades, et nous n'avons perdu personne de maladie endémique. Les passagers nous ont donné plus d'occupation.

DEUXIÈME PARTIE

Nous nous proposons maintenant de jeter un coup d'œil rapide sur les maladies de Madagascar, en insistant particulièrement sur celles que nous avons observées nous-même. Le concours des causes que nous venons de passer en revue, en frappant l'organisme, amène en lui des modifications qui aboutissent, soit à la fièvre paludéenne, soit à la dysenterie. L'encombrement s'est ajouté à elles pour produire la fièvre typhoïde ou une forme complexe, la fièvre typho-malarienne. Nous n'aurons pas à faire une description détaillée de ces affections ; nous exposerons ce qu'elles nous ont semblé avoir de particulier.

I. — Fièvres simples.

Les fièvres simples sont extrêmement fréquentes. Dès la première année, à part quelques exceptions, le miasme a fait sentir son effet sur les nouveaux venus. Nous pouvons constater que, presque toujours, à la fin de l'hivernage consécutif à leur arrivée, les hommes séjournant à terre sont pris de fièvre. La fièvre simple présente la période classique de frissons, chaleur et sueur.

En général, l'accès qui marque le début de l'invasion est prolongé, la fièvre dure plusieurs jours d'une façon continue ; à partir de ce moment là, les accès apparaissent tous les trois jours ou selon d'autres modes. Un type que nous avons vu fréquemment, c'est le type de huit à quinze jours. L'accès n'est pas unique ; le plus souvent, pendant deux ou trois jours de suite, le malade a un accès. Le type peut s'établir d'emblée comme nous l'avons observé chez un matelot de la *Seudre* ; ou bien il peut succéder à des accès à intermittences moindres, ce que nous avons vu sur des passagers, qui nous ont dit avoir eu la fièvre tous les trois jours d'abord, et ensuite, tous les huit ou quinze jours.

De plus, nous avons recueilli, dans le service du docteur Maurin, médecin de 1re classe à Saint-Denis (Réunion), un grand nombre de tracés thermométrique appartenant aux fébricants envoyés en convalescence ; le type de huit à quinze jours était très fréquent. Nous résumerons, comme exemple de ce type, l'observation suivante recueillie à bord.

OBSERVATION I

Le *Guillou*, matelot canonnier de la *Seudre*, 22 ans, n'a encore jamais été aux colonies, n'a jamais eu de fièvre paludéenne. Le *Guillou* a été envoyé plusieurs fois à terre, soit pour faire l'approvisionnement d'eau, soit pour diverses corvées. Il avait été, pendant quelques jours, exempt de service à bord pour conjonctivite. Le 8 mai 1885, il se présente à la visite. Il nous dit que, la veille, il a eu un frisson intense, douloureux, et qu'il ne tient pas sur ses jambes. Il est pâle, a les yeux rouges, injectés ; il accuse de la céphalalgie, du lumbago. La peau est chaude, sèche, et le thermomètre, dans l'aisselle, monte à 41 degrés. On administre immédiatement un ipéca.

```
 8 mai, M.   41°    —    S. 39° 3
 9    —      38 2   —    — 37  8
10    —      39 2   —    — 37  6
11    —      37 8   —    — 37  8
12    —      38 9   —    — 38  1
13    —      37 8   —    — 36  5
```

L'apyrexie se continue. Le 18, le *Guillou* insiste, malgré nos re-
montrances, pour que nous le laissions reprendre son service ; mais
le 20, c'est-à-dire sept jours après la fin du premier accès, il vient
nous trouver avec un léger mouvement fébrile.

```
20 mai  M.   37° 8   —    S. 37° 5
21    —      37 8    —    — 37  6
22    —      36 8    —    — 37  2
23    —      38      —    — 39  4
24    —      37 4    —    — 37
```

apyrexie jusqu'au 31, c'est-à-dire sept jours.

```
31 mai   M.   39° 4   —    S. 37° 8
1er juin  —   37 6    —    — 38  6
 2    —       38 1    —    — 37
 3    —       36      —    — 37  2
 4    —       37 4    —    — 37  9
```

apyrexie jusqu'au 12.

```
Le 12,   M.   40° 4   —    S.   37° 2
```

Un seul accès cette fois ; la température a été plus élevée que pour
les autres accès.

Apyrexie de quatorze jours.

```
27 juin   M.   37° 2   —    S.   39° 1
28    —        39      —    —    39  3
29    —        37      —    —    38  5
30    —        39 3    —    —    39  4
1er juillet    37 2    —    —    38  4
 2    —        39 3    —    —    40  4
 3    —        37      —    —    »   »
```

Apyrexie jusqu'au 17, c'est-à-dire quatorze jours.

18 juillet **M** . 37° 6 — S. 38°
19 — 37 6 — — 37 7
20 — 38 4 — — 38 6
21 — 38 » — — » »

A cette date, nous sommes à Saint-Denis et nous l'expédions à l'hôpital à terre. Le *Guillou* y est resté trois mois ; il a continué à avoir, pendant quelque temps, de la fièvre selon le même type ; plus tard, quand il est revenu à bord, ses accès étaient très irréguliers et apparaissaient à intervalles éloignés. Il a été heureusement rapatrié avant la fin de l'année, car je craignais pour lui la fin de l'hivernage.

Cette observation nous montre la brusque invasion de la maladie qui s'établit pour quelques jours. Le type de 7 à 15 jours d'apyrexie a été constitué de suite, et on peut voir que le plus souvent, un accès n'est pas unique, mais est suivi de deux ou trois autres Nous nous sommes adressé à de petites doses de quinine, 0,50 ou 1 gramme de sulfate. Nous l'avons donné deux ou trois jours avant l'accès présumé, et nous avons prolongé son administration pendant les accès et trois ou quatre jours après.

L'influence de la quinine est en somme, bien peu marquée sur ces fièvres rebelles ; c'est ce que fait également observer le docteur Ségard dans son rapport de fin de campagne. L'extrait mou de quinquina, à la dose de 4 à 8 grammes, donne aussi des résultats incertains. A Bourbon, les malades se trouvant dans de meilleures conditions extérieures, la quinine, à la longue, éloignait les accès.

II. — Fièvres compliquées

1° Accès sudoral.

Nous avons observé diverses anomalies pendant les accès simples.

Un officier du bataillon de fusiliers marins, M. M..., qui avait fait la guerre du Tonkin, a eu des accès de fièvre fréquents à Amboanio. Un soir, sur la *Seudre* qui le transportait à Tamatave, il eut un accès de fièvre. Quand la période de transpiration s'établit, elle se montra avec une extrême abondance et elle dura près de deux heures ; le lit était traversé par la sueur ; l'agitation était très grande, le malade avait des agacements, de l'anxiété et des envies de pleurer. Nous lui avons fait prendre un gramme de bromure de potassium et deux grammes de quinine. Nous avons appris que M. M... avait eu, depuis, un accès semblable.

2° Accès délirant.

Nous avons observé deux accès délirants, le même jour, chez deux soldats d'infanterie de marine. L'un d'eux avait eu, pendant douze mois de séjour, de nombreux accès de fièvre. Ces accès reviennent tous les huit ou dix jours ; il a eu auparavant un accès avec délire.

Le 30 juin 1885, au huitième jour d'une apyrexie, il a un accès ; la température s'élève à 40° 8, l'agitation est très grande, le malade ne fait que changer de place dans son lit, il est difficile de le maintenir, il prononce des paroles avec colère, il a des hallucinations et des idées de persécution, il prétend qu'on veut l'empoisonner. On parvient, avec peine, à lui faire prendre, en trois fois, deux grammes de quinine. La température est tombée à la normale le lendemain matin.

L'autre malade est très anémié ; il a eu un accès délirant à Majunga. Les accès reviennent tous les trois jours. Le 30 juin 1885, la température monte à 40° 4, le malade est pris d'un délire analogue à celui de la fièvre typhoïde, il veut se lever constamment, on a de la peine à le faire rester au lit, il ne comprend pas ce qu'on lui dit, il prononce dans son patois des paroles incompréhensibles, sur un ton monotone, comme un chant lugubre. Dès le début de l'accès, nous avions fait prendre un gramme de quinine, nous avions donné pendant l'accès un lavement de un gramme de quinine, nous apprêtant à faire une injection sous-cutanée de bromhydrate si l'état d'excitation ne s'était calmé. Le lendemain, il n'y avait ni fièvre, ni délire.

Ces cas se différencient des accès pernicieux par la moindre intensité des symptômes et surtout par l'état général moins grave après la cessation de la fièvre.

3° *Fièvre rémittente bilieuse.*

La fièvre rémittente bilieuse est fréquente à Madagascar, à Mayotte et à Nossi-Bé. Elle ne se montre jamais d'emblée, mais elle s'établit chez d'anciens fébricants. Elle est caractérisée : dans une première période, par des frissons, une élévation rapide de la température se maintenant élevée pendant cinq à dix jours avec quelques rémissions le matin, de la douleur aux hypochondres, des vomissements alimentaires, puis bilieux, un ictère précoce ; dans une seconde période, on observe la chute de la température, la persistance de l'ictère, de l'adynamie et un état de faiblesse très prononcé.

4° *Fièvre bilieuse hématurique.*

Celle-ci est fréquente aussi sur la côte de Madagascar; les créoles lui donnent le nom d'accès jaune. Comme la précédente, elle est rarement primitive. Les mêmes symptômes peuvent lui être attribués.; il faut ajouter l'hématurie, qui est le résultat d'une altération du sang par les éléments de la bile.

Nous avons eu, à bord, des convalescents de cette maladie, mais nous n'avons, à Madagascar du moins, observé aucun cas de fièvre bilieuse hématurique. Nous avons tenu à la citer comme étant une des formes graves de l'infection paludéenne.

III. — Accès pernicieux

L'accès pernicieux revêt la forme comateuse et ataxique le plus souvent. Je ne sache pas que la forme cholérique ait été observée. Le Dr Ségard, médecin-major de la *Creuse*, a observé des cas de mort survenant brusquement, alors que rien ne pouvait faire pressentir une funeste issue. Il donne à ces cas le nom d'*accès pernicieux à forme syncopale.*

Nous avons vu un accès pernicieux comateux chez un dysentérique atteint aussi de fièvres paludéennes. Le malade est tombé, le matin, presque subitement dans le coma; on a injecté un gramme de bromhydrate de quinine sous la peau; la mort est survenue une heure après le début de l'accès.

Nous avons vu aussi un de nos camarades, en février 1885, mourir d'un accès comateux en moins de trois quarts d'heure. M. E..., d'un tempérament lymphatique très marqué, venant de France avec la *Seudre*; il faisait sa première campagne, n'avait jamais eu de fièvres paludéennes, et, destiné à Tahïti, il n'était que de passage à Tamatave. Trois jours après notre arrivée, il eut un premier accès de fièvre, et, quelques jours après, il mourait d'accès pernicieux.

Comme exemple d'accès pernicieux se terminant d'une façon favorable, nous citerons une observation caractéristique que le Dr Ségard a consignée dans son rapport de fin de campagne sur la *Creuse*.

OBSERVATION II (1)

Le 2 mai 1884, à 6 heures du soir, le second maître de mousqueterie *Peyre*, François, âgé de 37 ans, entre à l'hôpital. Ce sous-officier a fait, depuis notre arrivée à Tamatave, un certain nombre de gardes aux postes extérieurs ; il a pris part, en outre avec la Compagnie de fusiliers passagers, aux diverses reconnaissances qui ont exploré les environs. Il n'a pourtant jamais encore été atteint de fièvre à notre connaissance, et c'est seulement pour diarrhée que nous l'avons eu pendant quelque temps à l'infirmerie. Quant aux commémoratifs capables de nous éclairer sur la vie pathothologique du malade avant son embarquemont sur la *Creuse*, il nous est impossible, vu sa perte de connaissance, de les obtenir au moment de l'accès, et ce n'est que plus tard que j'ai pu les recueillir. *Peyre* a séjourné sur le *Cassard* en Algérie, pendant trente mois ; il a été atteint de fièvre paludéenne à cette époque ; il a même fait un séjour d'un mois à l'hôpital et comme il parle de perte de connaissance, d'insensibilité telle que le médecin lui enfonçait impunément des épingles dans la peau, il est permis de supposer que, déjà en ce temps-là, il a eu un accès pernicieux à forme comateuse.

Dans la journée du 2 février, Peyre a été plus sombre que de coutume ; en dépit de sa bonne volonté et de son zèle habituels, il n'a pu vaquer, comme d'ordinaire, aux exigences du service. Vers 6 heures

---

(1) *Archives de médecine navale, Juillet 1886.*

ses camarades l'ont apporté sans connaissance à l'hôpital. Au début de l'accès le médecin de garde était seul prés de lui ; frappé de la violence de ce début, de l'algidité, de la petitesse du pouls, et pressentant qu'il s'agissait d'une manifestation grave du paludisme, il administre, par la voie rectale, — les dents étant trop serrées, — 1 gr. 50 de quinine ; en même temps il pousse une injection de 1 gramme d'éther, essaye de faire prendre un peu de tisane chaude au malade, l'entoure de couvertures et lui met des moines aux pieds. Sur ces entrefaites, j'arrive. L'état du malade s'est peu modifié : mouvement épileptiforme, contractures, pupiles dilatées, regard vague, inconscience de ce qui se passe aux alentours, pouces contractés en dedans, grincements de dents ; oppression alternant avec de longues pauses respiratoires. Le malade bredouille quelques sons confus ; de temps en temps, une question posée de très-près, le fait tressauter ; on pourrait presque croire qu'il a saisi le sens des paroles qu'on lui adresse ; un faible mouvement des yeux et un grognement vague semblent l'indiquer ; les joués se gonflent et les lèvres s'écartent comme chez les apoplectiques et les fumeurs. Sinapisme aux mollets, ventouses sur la poitrine, injection hypodermique de 10 centigrammes de bromhydrate de quinine. Un peu de réaction s'opère, la chaleur revient, mais l'état de stupeur reste le même. Je badigeonne les jambes du malade avec de la teinture d'iode, et parviens, malgré sa dysphagie presque absolue, à lui faire ingurgiter un gramme de sulfate de quinine en solution, mélangé à un verre de Marsala. Réapplication de ventouses. Le malade indique, à peu près, qu'il souffre de la tête et du thorax, (cette dernière douleur due à la fois à la dyspnée et à la succion des ventouses), en portant vers ces endroits de son corps, non sans difficulté, son poing crispé. Le faciès est décoloré ; la transpiration générale s'établit ; par instants, il y a des arrêts dans la respiration, comme des oublis d'accomplir les deux temps de cet acte ; il faut alors desserrer les mâchoires contracturées de *Peyre* et se livrer, par compression de la poitrine, à des manœuvres de la respiration artificielle, manœuvres qui, chaque fois, sont suivies d'une sorte de détente et de baillement prolongés. Le pouls est bon, pas trop agité, d'une tension presque normale. Appliqué à divers moments pendant cette période, le thermomètre n'a jamais indiqué plus de 38° 7. De 8 à 9 heures, les phénomèmes s régularisent, une certaine amélioration se manifeste. J'ai voulu faire appliquer des sangsues, aux apophyses mastoïdes, pour conjurer les effets d'une congestion bulbaire évidente ; la chose fut impossible, le restant de notre approvisionnement étant hors de service. A dix heures, le mieux se prolonge , la respiration est plus facile ; au coma bien moins prolongé, semblent succéder de la lassitude et du sommeil. Le malade n'a pu encore prononcer, à deux reprises, que des monosyllabes : « Oui » ou « Non » ; après quoi la difficulté à parler s'est reproduite.

Convaincu qu'à ce moment, les doses de quinine absorbées, par les voies rectale et buccale, avaient produit leur effet, je fais donner un lavement purgatif qui détermine bientôt une selle copieuse, successivement suivie de quatre autres. Le malade finit par s'assoupir ; à minuit il repose. La nuit est calme.

Le 3, au matin, amélioration considérable ; température 38 degrés; *Peyre* parle un peu, sans trop d'hésitation, non pas comme un homme qui ne comprend qu'avec peine. mais comme un individu fatigué qui éprouve de la difficulté à articuler les mots. Il boit assez commodément. Vers huit heures quarante-cinq, un peu de gêne respiratoire se déclare tout à coup : administration immédiate de un gramme de sulfate de quinine dans du Marsala, température 38° 6. A neuf heures trente, frisson assez violent ; même faciès que la veille au soir ; pouces encore crispés dans les poings fermés. Aussitôt, ventouses sur le thorax, lavement purgatif, badigeonnage iodé aux mollets. A dix heures trente, la crise est conjurée ; nous n'avons eu, en somme, qu'à lutter contre un accès intercurrent. Le mieux se continue dans la journée. Le malade prend du bouillon, de l'orangeade, un peu de vin et d'eau glacée ; il répond sans aucune gêne, aux questions, et ne souffre plus. A quatre heures, administration de 0 gr. 75 de quinine.

Le 4 au matin, il ne reste plus qu'un peu de fatigue ; le malade voudrait se lever; température 36° 5. Prescription : chocolat, bouillon, banyuls, marsala, lait de poule, orange; 0 gr. 50 de quinine le matin, 0 gr. 25 à trois heures du soir.

Le 24 février, à six heures quinze du soir, on vient m'avertir que ce second-maître vient d'être repris des mêmes accidents. J'arrive à l'hôpital, où, se sentant un peu fatigué, Peyre était venu, quelques instants plus tôt, de lui-même et sans prévenir personne s'étendre sur un lit. Je le trouve avec le même aspect que la première fois : face pâle, pupilles dilatées, expression de douleur et d'égarement, voix entrecoupée, gêne pour parler; la peau donne au toucher une sensation normale, le pouls est calme et plein; température 37° 2. Je profite de ce que le malade peut encore avaler, pour lui faire boire, dans un peu de vin de Bordeaux, deux grammes de sulfate de quinine en une seule fois; compresses d'eau glacée sur le front, sinapismes, sept ou huit ventouses sur le poitrine. A six heures trente, température 37° 5; même état de pouls; le pouce [est agité de sortes de mouvements convulsifs, tendant à le fléchir; bientôt, à chaque inspiration, les mains se contractent fortement; céphalalgie occipitale violente ; deux sangsues sont placées à l'apophyse mastoïde gauche. Deux ou trois contractures générales très énergiques ; arrêts dans la respiration ; les arcades dentaires se rejoignent avec force, et il faut solliciter mécaniquement le jeu du soufflet de la cage thoracique.

Une injection de bromhydrate de quinine, 0 gr. 10; lavement purgatif qui n'est pas rendu. Le regard est très fixe, on n'obtient d'autre réponse qu'un signe de la tête, ou un grognement inarticulé. — sept heures, température 37° 5 ; pouls à 96° *Peyre* est dans un état d'affaissement qui n'est, exactement, ni de la prostation ni du coma ; mais qui, si je puis recourir à cette comparaison, se rapprocherait plutôt de la situation d'un homme qui sent ses perceptions devenir confuses et éprouve une douleur poignante, quelque chose comme de l'angoisse et de l'incertitude mêlées. La transpiration s'établit. — Huit heures, un peu de mieux ; le malade a achevé de prendre en trois ou quatre fois, une potion avec deux grammes de bromure de potassium;

huit heures cinquante, température, 37° 8 : application de trois nouvelles sangsues à l'apophyse mastoïde droite. Peyre s'endort après avoir eu deux selles dues à l'administration de un quart de lavement glacé qui a contribué, ainsi que des compresses froides glacées sur l'abdomen, à ranimer la contractilité de l'intestin.

La nuit est bonne, température moyenne 38° 5, c'est aussi le chiffre observé à sept heures du matin, le 25. La langue est encore un peu embarrassée, brisement général. Prescription : bouillon, demi de Médoc ; tisane facultative ; un gramme de sulfate de quinine à prendre en deux fois dans la matinée ; Potion :

Extrait de quinquina	4 grammmes.
Tafia	50 —
Café noir	100 —.

La température redevient normale et quelques jours après, *Peyre* rétabli est expédié à Saint-Denis, d'où il rejoint la France par les paquebots.

IV. — Fièvre typhoïde et typho-malarienne.

Dans le courant de 1885, la garnison de Tamatave a été décimée par une épidémie de fièvre typhoïde. Cette épidémie a coïncidé avec l'encombrement, à l'arrivée des troupes de renfort venues du Tonkin. La fièvre typhoïde a présenté, dans un grand nombre de cas, ses caractères ordinaires. D'autres fois la physionomie de la maladie a été complexe, et derrière ses symptômes propres, on était tenté, surtout en regardant les tracés thermométriques, d'attribuer certains écarts de la marche normale de la maladie, sinon au paludisme, du moins à des influences locales. Cette forme compliquée de la fièvre typhpoïde a été décrite, sous le nom de fièvre typho-malarienne, par Corre.

Nous allons donner l'observation d'un de ces cas recueilli à bord.

OBSERVATION

Cloarec, canonnier breveté de la *Seudre*, 23 ans, constitution robuste ; n'a jamais eu de flèvre paludéenne ; a fait différentes corvées à terre ; a souvent travaillé sous le soleil.

Le 17 juillet, il se présente à la visite du soir avec une température de 38°. Il n'a pas eu de frisson. On administre un vomitif :

>   Ipéca.   1.50
>   Emétrique.   0.05

Le 18, M. 39° 5 — S. 40° 3. Extrait de quinquina 6 grammes.

> 19 — 39° 3 — — 40° 4.

On profite de l'abaissement de la température du matin pour faire prendre 0.60 ; on ne note encore d'autre signe que la fièvre.

>   20 — M. 39° 5 — S. 40° 2.

Extrait de quinquina, 6 grammes. S. 9. 0. 50.

>   21 — M. 39° 9 — S. 40° 1.

Le malade se plaint de tousser la nuit. Les poumons ne présentent rien de particulier.

S. Q. 1. 50 ; Potion :

>   Laudanum. XX.
>   Kermès,   0.15.

>   22 — M. 39° 3 — S. 39° 8 = S. Q. 1.50
>   23 — — 38° 4 — — — 38° 7 = S. Q. 1.50

Il existe de la constipation ; purgatif : sulfate de soude, 35 grammes, après lequel on obtient deux selles.

24 — 38° 4 — 39° 2. Extrait de quinquina, 6 grammes.

25 — 38° 6 — 39° 4.   —   4 —   S. Q. 1.50.

26 — 38° 3 — 39° 5.

La constipation a reparu. La langue est sèche et rôtie ; le ventre mou, non ballonné ; par la palpation on ne provoque aucune douleur dans les fosses iliaques. La région cystique du foie est douloureuse à la pression ; le foie, pas plus que la rate, ne présenté de changement de volume. Pas de sommeil. Face rouge ; pas de taches à la peau.

Extrait de quinquina, 4 grammes.

27 — M. 38° 9 — S. 40° 4. S. Q. 2 grammes. Un lavement émollient donne une selle.

28 — M. 38° 8 — S. 39° 6. S. Q. 2 grammes. Teinture de digitale XV. Un lavement huileux donne 3 selles liquides dans la journée.

29 — M. 38° 7 — S. 40° 2. Teinture de digitale XV.

Après ces deux doses de 2 grammes de quinine, la surdité est prononcée. La nuit a été assez bonne. Sous l'influence de la digitale, le pouls est moins fort, moins dur, il est toujours dicrote.

30 Juillet M. 38°, 4, S. 39°, 8 Ext. de qqna, 4 gr. Tre de dig. XV
31   39 , 1,   39 , 9   id.
1er Août   39 , »,   39 , 6 S. Q, 1,50 ; potion laudanisée
2   38 , 8,   39 , 8 S. Q, 4,50.
3   38 , 8,   39 , 7

Sueurs abondantes toutes les nuits, depuis quelques jours. Sous les aisselles, éruption confluente de sudamina gagnant les parties antérieure et postérieure de la poitrine. Bronchite ; foie normal ; rate un peu augmentée de volume.

         Acétate d'amoniaque, 10 gr. S. q. 1 gr
4   38°, 7   40°, 3
5   39 , 2   40 , 2

La langue est toujours tremblotante, rôtie ; le pouls dicrote, les sueurs abondantes : même prescription.

6   39°, 2   40°, 1. Acét. d'amm. 10 gr. S. q. 2 gr.
7   39 , 2   39 , 9 S. q. 1 gr.

Il tousse beaucoup ; crachats muqueux, verdâtres. A l'auscultation on entend des râles sonores dans toute la poitrine : Potion laudanisée.

8   39°, 4   39°, 7 S. q. 1. gr. Pot. laud. XX. kermès 0.15
9   39 , 2   41

Les râles sonores sont très confluents au sommet gauche, et masquent la respiration. On applique un badigeonnage à la teinture d'iode, et on commence une médication d'ipéca à la brésilienne.

10   40°, 4   40°, 6 Ipéca brésilienne n° 2.
11   39 , 6   40 , 6   id.   n° 3.

Amaigrissement considérable, somnolence continuelle. Le malade se couche sur le côté droit ; tout le poumon droit est le siège de submatité et de râles crépitants à la base. Râles ronflants et sibilants dans toute la poitrine ; crachats mélangés d'un peu de sang. En somme, il existe de la congestion hypostatique plus prononcée du côté droit. Sulfate de quinine 1.50.

    12   40°, 2   43°, 2.
    13   39 , 1   43°, 3.

Sueurs abondantes. N'a jamais eu de frissons. Tremblement très prononcé de tout le corps, de la langue et des membres ; il ne peut porter un verre à sa bouche. Le foie est légèrement augmenté de volume : on applique de la teinture d'iode au sommet droit.

    14   37°, 8   40°, 1

Même état pulmonaire. La fièvre est moins vive, le pouls, depuis hier, n'est pas si redondant, sommeil cette nuit ; l'intelligence est parfaitement conservée. On donne 2 grammes de sulfate de quinine en trois fois dans la journée ; mais le soir la fièvre a repris.

Sueurs abondantes, pommettes rouges, pouls fréquent et dicrote.

    15 — M. 39° 1 — S. 40°

Respiration soufflante au sommet droit, respiration rude aux deux sommets. Par de craquements, les râles sont peu confluents aux sommets. On applique au sommet droit, en avant et en arrière, de la teinture d'iode à continuer.

    16 — M. 39° 4 — S. 39° 8. Ipéca brésilienne n° 1.
    17 — — 38° 4 — — 40° 2. —   — n° 2.
    18 — — 38° 7 — — 39° 8.

Teinture de noix vomique cinq gouttes, de digitale vingt ; extrait de quinquina, 6 grammes ; viande crue. — Faiblesse extrême, diarrhée, expectoration abondante, crachats muqueux et muco-purulents. Toujours rien aux sommets ; amaigrissement.

    19 — M.   40° 2 — S.   40° 4. Même prescription.
    20 — — à 7 h. 38° 1 — — à 2 h. 39° 3.
    — — — à 12 h. 40° 4 — — à 3 h. 39° 1.
    — — — — — — à 6 h. 40° 4.
    21 — —   38° 5

A cette date, nous sommes à Saint-Denis et le malade est envoyé
à l'hôpital. Il conserve la fièvre, pendant encore dix jours. La convalescence se confirme: on l'expédie à l'établissement de Saint-
François. Au bout de trois mois de convalescence, *Cloarec* rentre à
bord reprendre du service. Il est parfaitement rétabli et a eu, depuis,
deux fois, des accès de fièvre de peu d'importance.

Au début de l'affection le diagnostic de fièvre typhoïde est
loin de s'imposer, car bien des symptômes font défaut, on
ne note pas de ballonnement du ventre, ni gargouillements, ni
douleur dans les fosses iliaques; il n'y a pas de diarrhée; on
observe, au contraire, une constipation très tenace : un peu
de diarrhée n'est survenue qu'à l'occasion du second ipéca à
la brésilienne. En somme, absence presque complète des si-
gnes abdominaux. La langue a été vite sèche et rôtie.

A part le défaut de sommeil, les symptômes nerveux ont été
peu importants, jamais un instant de délire, et l'aspect typhoïde a été long à se produire; les épistaxis et les tâches à
la peau ont manqué.

Les symptômes thoraciques ont été plus accusés : d'abord,
bronchite légère, qui devient plus sérieuse, et nous fait craindre qu'elle ne se localise à un sommet; une pneumonie hypostatique avec ses crachats rouillés et ses râles crépitants est
venue aussi compliquer la maladie.

Si nous étudions la marche de la fièvre, nous voyons que le
début est très brusque, mais sans frisson; la température se
maintient élevée, entre 39°4 et 40°4 pendant cinq jours; le 22
juillet, on observe une chute assez marquée, à 38°4; puis les
températures du soir vont graduellement en croissant, et
pendant seize jours la fièvre continue avec des variations peu
marquées.

Le 5 août, le thermomètre accuse 41°, et pendant trois

jours, le thermomètre du matin reste au-dessus de 40°. Le 14, 37°8.

Nous croyons enfin avoir atteint le moment de la défervescence, nous insistons sur la quinine : le soir même le thermomètre est remonté. Il se produit encore une chute marquée, le 20 au matin. Dans cette journée, le thermomètre est descendu, et remonté deux fois; nous avons assisté à un accès de fièvre.

Nous avons bien eu affaire à une fièvre typhoïde à forme thoracique, mais cette maladie a été *modifiée*, croyons-nous, dans sa marche par l'influence du climat et du pays. La fièvre n'a pas été continue, mais rémittente. On peut voir que la quinine et l'extrait de quinquina, donnés longtemps et à assez fortes doses, n'ont absolument rien produit. Il ne faudrait pas rejeter l'influence paludéenne pour cette maladie, parce que la quinine n'a pas agi : la quinine est loin d'être un spécifique; nous avons déjà insisté sur le peu d'action du médicament sur certaines fièvres simples.

V. — Dysenterie.

La dysenterie a sévi sur les hommes de terre. La nature de de leur service, les mauvaises conditions de logement qui les exposaient aux intempéries de l'atmosphère, enfin les qualités nuisibles de l'eau de source, telles étaient les causes de l'affection. Sur les hommes du bord, nous n'avons, jamais eu de dysenterie.

Nous pouvons rapporter une remarque qu'en transportant des passagers malades, nous avons faite pendant notre voyage au Sénégal, aussi bien qu'à Madagascar : c'est que les hommes atteints très gravement par la dysenterie deviennent

plus malades à bord, où les mouvements du bâtiment ajou-
tent à leurs fatigues, tandis que les hommes qui sont moins
sévèrement atteints se trouvent bien de ces mouvements et
peut-être de l'air marin qui agit comme un traitement au
chlorure de sodium à petites doses. On sait que le séjour de
la mer détermine assez souvent de la constipation.

VI. — Influence du pays sur les autres affections.

Les lésions chroniques de la tuberculose pulmonaire que
nous avons eu à traiter à bord, ont montré une grande ten-
dance à progresser rapidement. Les révulsifs appliqués coup
sur coup, le régime tonique et la bonne nourriture restaient
impuissants : le rapatriement est la seule ressource dans
ces cas.

La chirurgie est plus favorisée que la médecine. Les plaies
guérissent avec une remarquable rapidité, si le tétanos ne
vient terminer la scène. Nous avons transporté à Bourbon
les blessés de l'affaire de Farafatt ; la conservation a été ten-
tée pour toutes ces blessures ; et elles ont toutes guéri sans
complication. L'influence qu'a eue le transport de Tamatave à
Bourbon sur ces plaies, a été de rendre accessibles sous la
peau des balles qu'on n'avait pu trouver à l'ambulance de
terre. Les mouvements du bâtiment ont eu pour effet de favo-
riser la descente des balles vers les parties déclives. Un matelot, entre autres, atteint de fracture comminutive de la
jambe gauche, présentait sur la face interne du tibia un
trajet dans lequel plongeait un drain, et par lequel on avait
en vain essayé, au moyen du stylet, de découvrir le projec-
tile qui entretenait une suppuration abondante. Vers la fin de

la traversée, passant la main sous le mollet en faisant le pansement, nous fûmes étonné de trouver la balle toute superficielle ; c'était le jour de l'arrivée à Saint-Denis. Le blessé fut débarqué et à l'hôpital, le jour même, par une simple contre-ouverture, on le débarrassa de sa balle. Le drainage fut organisé, la suppuration diminua et le blessé reprit vite les forces qu'il perdait chaque jour, et il guérit. On a extrait le même jour des balles qui sont devenues, chez d'autres blessés, apparentes pendant la traversée et par le même mécanisme, croyons-nous.

CONCLUSIONS

Nous avons vu combien est malsaine la côte de Madagascar ; c'est à peine si nous avons montré quelque indulgence pour Diégo-Suarez, qui est tellement aride qu'elle offre peu de ressources.

Il y a beaucoup à faire pour qu'une garnison puisse séjourner dans le pays, tant au point de vue matériel qu'au point de vue des dispositions à prendre pour l'envoi des troupes. La période de deux années, fixée comme temps de colonie, est trop longue ; à notre avis, les troupes ne devraient rester qu'un an et demi à Madagascar, et encore à la condition d'y arriver au commencement de la bonne saison, c'est-à-dire vers la fin de mars ou le commencement d'avril ; une sorte d'acclimatement aurait le temps de se produire, et ferait que, peut-être, l'hivernage serait moins à craindre ; ce premier hivernage passé, les troupes devraient rentrer au commencement du second hivernage au plus tard.

Les hommes à terre ont été beaucoup plus éprouvés que nos matelots, ce qui prouve l'influence du sol, plus que celle du climat, sur la maladie, et l'importance qu'il y aurait eu, pour les bâtiments-hôpitaux, au lieu de les laisser mouillés sur rade, là où ils perdaient en partie le bénéfice d'être navires, de leur faire transporter eux-mêmes leurs malades dans les hôpitaux. De cette façon ils auraient renouvelé leur air, qui ne tardait pas à être vicié par la quantité considérable de malades dont ils étaient chargés ; ils auraient plus facilement pu se procurer des vivres frais, et le voyage lui-même aurait été une distraction, un véritable remède pour les malades.

Nous avons vu combien les fièvres paludéennes sont tenaces. Il y a une chose certaine, c'est que tout homme frappé sérieusement de fièvres paludéennes, a été un homme sur lequel on ne pouvait compter ; il était destiné, à bref délai, à retourner à l'hôpital.

Le rapatriement est donc le moyen auquel il faut aboutir dans ces cas. Au lieu de retarder le moment de faire rentrer un homme en France, de laisser son état s'aggraver, ou d'user d'un moyen terme tout à fait insuffisant, l'envoi à Bourbon, comme on l'a fait, il vaut mieux quand il a eu des accès de fièvres graves et qui n'ont pas cédé à la quinine, ne pas hésiter à s'en débarrasser.

Nous avons indiqué aussi combien la tuberculose évolue avec rapidité. Il faut examiner très attentivement, à ce point de vue, les hommes destinés à la colonie, et si, dans le pays, les sommets pulmonaires semblent compromis, il faut de suite les renvoyer en France.

Vu : Le Doyen,
Dr PITRES.

Vu et permis d'imprimer :

Bordeaux, le 3 août 1885.

Le Recteur de l'Académie,
H. OUVRÉ.

Le Président de la thèse,
Dr G. MORACHE.

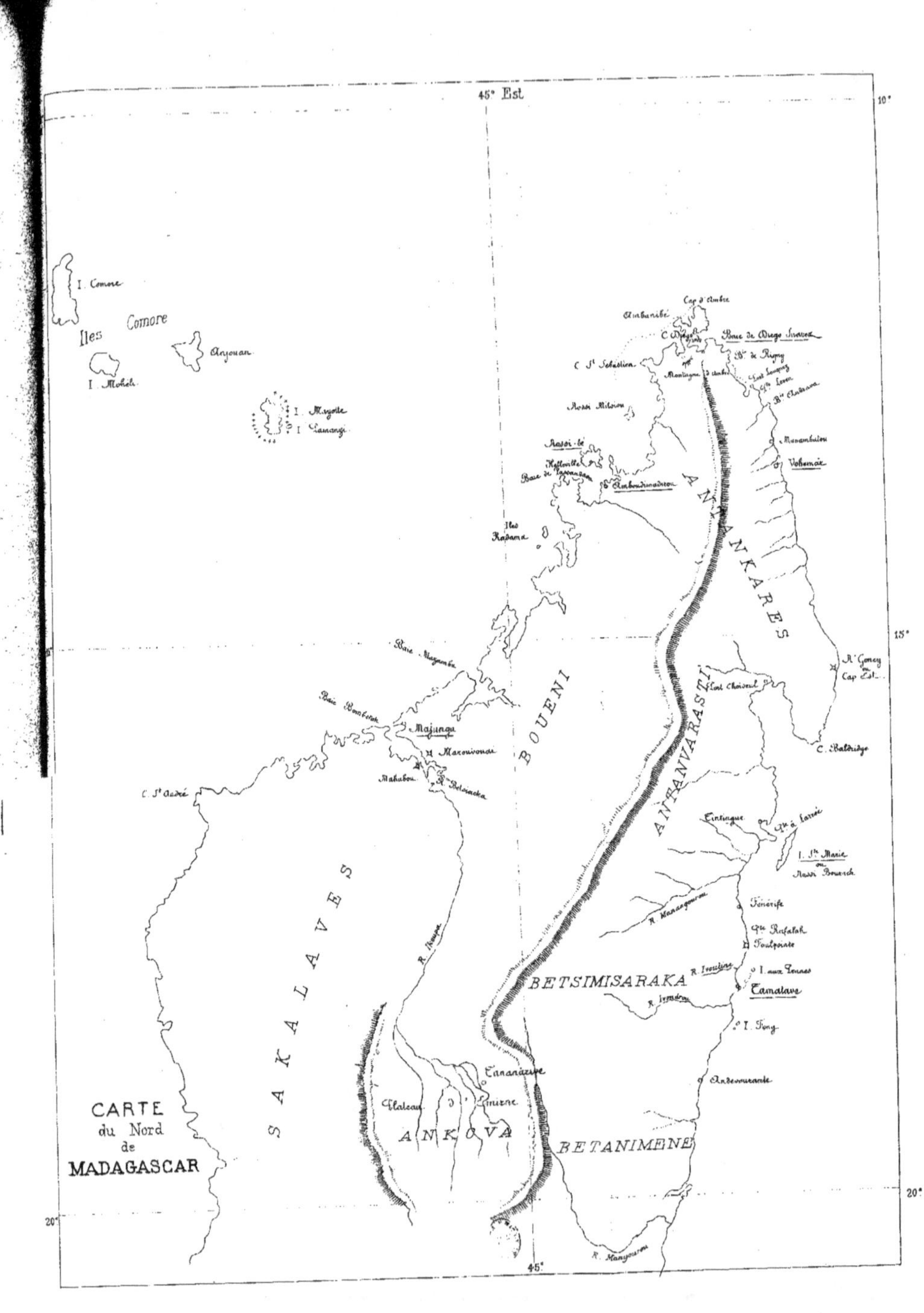

45° Est
10°
I. Comore
Iles Comore
Anjouan
I. Moheli
I. Mayotte
I. Camanzi
Cap d'Ambre
Ambanibé
C. Miégel
Baie de Diego Suarez
Bie de Rigny
C. St Sébastien
Montagne d'Ambre
Port Louquez
Cte Leven
Rossi Miteiou
Bie Chataran
ANKARES
Manambatou
Nossi-bé
Vohemar
Helleville
Baie de Pasandava
Amboudimadrou
Iles
Rapama
R. Gonzey
Cap Est
Baie Mayamba
Mont Choiseul
ANTANVARASTI
BOUENI
Baie Bombetak
Majunga
C. Batbridge
Marouvousai
Mahabou
Belvinaka
C. St André
Fintingue
Pte à Larrée
I. Ste Marie
ou
Nossi Bouraih
Ténérife
R. Manangoure
Pte Rifatoh
R. Rouge
SAKALAVES
Foulpointe
I. aux Tonnes
BETSIMISARAKA
R. Ivoulina
Tamatave
R. Iyandry
I. Fong
Andevourante
Tananarive
CARTE
du Nord
de
MADAGASCAR
Plateau d'Emirne
ANKOVA
BETANIMENE
20°
20°
45°
R. Manyourano

www.ingramcontent.com/pod-product-compliance
Lightning Source LLC
LaVergne TN
LVHW011358170726
843501LV00006B/1907